GRAMMAR & USAGE
OF THE
SHETLAND DIALECT

Grammar and Usage of the Shetland Dialect

T. A. ROBERTSON · JOHN J. GRAHAM

THE SHETLAND TIMES LTD.

LERWICK

1991

First published: May, 1952

Reprinted 1991

Cover design by Richard Stafford

I.S.B.N. 0 900662 78 6

Printed and published by
The Shetland Times Ltd.
Lerwick, Shetland, Scotland.

FOREWORD

I T is a pleasure and a privilege to welcome this book, the first of its kind to be published in recent years, and one that should be an example for others to follow in the various speech areas of Scotland. That it is the first is not surprising. The Shetlanders are a proud folk, intensely conscious of their distinctive traditions, of which not the least is their speech. One of the first things that strikes the visitor to Shetland is the much greater facility and currency of the dialect on the lips of the people. There is little trace of the psychological inhibitions bred of inferiority complexes and snobbery, which have done so much to wreck the old dialects of England and Scotland. Not that there is no danger to the Shetland tongue. Far from it. School, pulpit, wireless, cinema and officialdom are all arrayed against it, and one is amused at the anxiety of so many people to safeguard the status of English as if it were in some way threatened. English has the big battalions behind it and will take good care of itself.

It is the folk traditions and speech that far more urgently need succour and it is most encouraging to see that in Shetland two well-known members of the teaching profession, with whom the solution ultimately lies, have seen the danger and have been active in combating it. With this present work they have taken a very considerable step towards that end.

This is essentially a collection of the idioms of Shetland speech, culled from the best sources in Shetland literature, especially the works of that remarkable scholar and writer, Haldane Burgess, from the conversation of good speakers and from the authors' own wide and exact knowledge of their native tongue which they are not ashamed to use in their speech and in their fine contributions to Shetland prose and poetry.

From the viewpoint of the professional philologist this book is a welcome and valuable contribution to the all too scanty works on the dialects of Scotland but it is also very properly designed for a wider and more interesting public, the folk of Shetland, who alone can fully appreciate from the experience of their own traditional life the infinite subtleties and nuances of the speech documented in the following pages.

The reader — though every Shetlander is a born philologist — may rather boggle at the grammatical jargon necessary in a work of this kind. That is a small matter. Let him concentrate on and absorb into his own speech the examples so plentifully supplied. Only by a careful and sympathetic study of this work and by its use by teachers and others who should have an interest in cherishing folk culture should it be possible to restore and preserve the colour and strength of a way of life in the northern isles which has made many a worthy contribution to human history.

If the goodwill of one outsider who has grateful memories of Shetland hospitality and a deep respect for the Shetland folk could count for anything, this book would have a great and permanent success in the aim it sets itself. As it is, the final answer lies with the Shetlanders themselves.

DAVID MURISON,

King's College, Aberdeen.   1952.

INTRODUCTION TO FIRST EDITION

I N common with all forms of speech spoken within definite geographical limits, the Shetland dialect has a consistent pattern of usage — a grammatical form, which though uncodified, is nonetheless operative in everyday speech and in the writings of local authors. In this book we have not drawn up a set of grammatical rules to be observed by dialect speakers, but have tried to analyse and codify the predominant patterns of our folk speech.

It would require a much bigger book than this to cover all the ramifications of Shetland usage, such as the many variants in pronunciation, word, and idiom, found in the different districts. We hope that these will all one day be recorded. In the meantime we have collected and systematised a body of usage which, so far as we can ascertain from conversation and by reference to representative authors, is common to most parts of Shetland.

The Shetland dialect is the product of the merging of three distinct languages — Norn, Middle Scots, and English.

Norn, the language of Shetland for more than 700 years, was the parent stream, and has left its mark not only on the vocabulary, but also on the idiomatic structure of the dialect. To show the persistence of Norse idiom it is only necessary to quote the following passages out of many to be found in a modern Norwegian book "Sjetlands-Larsen".

1) "Han bygde seg et slott der." — which can be translated into the dialect: "He biggit him a castle dere.'

2) ". . . konsulen svingte seg over rekka til dem med det samme." i.e. ". . . da consul swang himsel owre da gunnel ta dem wi dat sam."

3) "Pa nordsiden av Mainland ligger Ronas Hill." "Ronas Hill lies apo da nort side ida Mainland."

From about the 15th century onwards Scots began to influence the spoken language. The following examples from 15th century Scottish poetry show the historical origin of our current usage in the present indicative of verbs.

1) "for wyffis sayis that lukand werk is lycht."
2) "Na thing of lufe I knaw,
   Bot keipis my scheip under yone wid,"
3) "And burnis hurlis all their bankis doune;"

While the influence of Modern English is obviously making itself felt on the dialect, earlier English influences are also apparent, such as some striking affinities with 17th century literature. In "The Pilgrim's Progress" for example we find that the word "habitation" is used for "house"; and the past tense of "catch" is "catched", as in:

". . . here he espied his roll; the which he, with trembling and haste, catched up . . ."

The reflexive verb is frequently used, as in:

"thither, therefore, Christian got, where also he sat down to rest him.'

We wish to refute the argument that certain forms of Shetland dialect are "broken English". John Bunyan, one of the greatest figures in literature, did not write "broken English".

We realise that the following outline is but an inadequate picture of Shetland usage, and would welcome any criticism or amplification.

T.A.R.
J.J.G.
1952

INTRODUCTION TO SECOND EDITION

D URING the 40 years since this small work first appeared, the Shetland dialect has continued to display a remarkable vigour in the face of the eroding forces, mainly of the media, which surround it. Indeed, the 70s and 80s saw a remarkable resurgence of interest in the local speech.

In the early years of the oil era it was felt by many that our local traditions and native tongue were in jeopardy from the massive changes taking place in the community, and it was a natural reaction to this for people to place a high value on something they felt they were about to lose. A revival of interest in local history, the dialect, and traditional lore, took place with the formation of local history groups and the publication of a variety of works on Shetland topics, including the dialect. Today, largely the result of Radio Shetland's policy on local speech, the dialect is more widely used than ever in what might be called "public" situations.

Despite today's healthy attitude to our local dialect, it has to be said that, in terms of content and structure, it has undergone a definite decline. The traditional patterns of the dialect, as outlined in this booklet, will in many cases not conform to the speech used by young people today. For example, the old distinction between the familiar form of the pronoun "du" and the respectful form "you" has largely been lost. And there are other instances where the older forms have gone.

These changes are all part of the evolutionary processes of spoken language and there is little if anything that can be done to reverse them. The process can, however, be slowed down by encouraging greater use of the dialect in schools, in books, newspapers, magazines, and radio.

I would like to thank Mrs Martha (Pat) Robertson for her encouragement in the preparation of this new edition.

J.J.G.
1991

ACKNOWLEDGMENTS

W E wish to express our gratitude to Mr David Murison, Editor of the Scottish National Dictionary, Professor Angus McIntosh of the English Language Department, Edinburgh University, Mr A. T. Cluness, Mr J. R. S. Clark, Mr W. Sandison, and Mr L. Graham for their constructive observations on points of grammar and spelling.

We should also like to thank Miss Bunty Cross who designed the cover and all our friends who have contributed in any way to the compilation of this book, and who complied so tolerantly with many arbitrary requests to "say yun owre agen", particularly Mrs Graham, Mr and Mrs G. W. Robertson, Mrs J. Gray and Mrs J. Johnson, the two last-named forming a link with dialect research of the past through their association with the compilation of Dr Jakobsen's Dictionary. We are also indebted to the kindness of Mr and Mrs J. Crossan.

Acknowledgment and thanks are tendered to the following for their courtesy in permitting quotation of copyright matter: — to Miss Mary A. Angus for passages from James Stout's Angus's "Glossary of the Shetland Dialect" and "Echoes from Klingrahool"; to Miss Jane C. Mathewson for passages from J. J. Haldane Burgess's "Rasmie's Büddie", "Shetland Sketches and Poems", and "Smaa Murr"; to Mrs John Nicolson for passages from John Nicolson's "Hentilagets"; to Mrs Joseph Gray for passages from Joseph Gray's "Lowrie"; and to Dr T. M. Y. Manson for passages from George Stewart's "Shetland Fireside Tales".

T.A.R.
J.J.G.
1952

Works Referred To

BASIL R. ANDERSON: —
Nicky Twatt an Keety Claw.
Broken Lights.

JAMES STOUT ANGUS: —
A Glossary of the Shetland Dialect.
Echoes from Klingrahool.

J. J. HALDANE BURGESS: —
Rasmie's Büddie.
Shetland Sketches and Poems.
Smaa Murr.

DR. JAKOB JAKOBSEN: —
Dictionary of the Norn Language in Shetland.

JOHN NICOLSON: —
Hentilagets.

L. J. NICOLSON: —
Songs of Thule.

T. P. OLLASON: —
Mareel.

GEORGE STEWART: —
Shetland Fireside Tales.

UNST LETTER, 1836: —
Printed in *Zetland Directory and Guide,* 1861.

Abbreviations Used

(c)   Colloquial speech.

CONTENTS

THE ARTICLE

**1
DEFINITE
ARTICLE**

The Definite Article is *da*. The vowel sound remains unchanged before a word beginning with a vowel, whether the word is singular or plural: — *da aets, da coarn, da hey, da taaties.*

> "Noo if her limmer o' a lass,
> Ne'er heedin' hoo da time wid pass,
> Sat purlin wi' her lazy taes
> Among da ase, afore da aze,
> Shü'd stamp . . ."
>
> BROKEN LIGHTS

SPECIAL USE OF THE DEFINITE ARTICLE.

It is used: —

(a) Before the names of the Seasons — *da Voar, da Simmer, da Hairst, da Winter.*

> "An dan cam da Simmer, wi floo'rets and breezes"
> "At lent cam da Winter wi strent an wi fury."
>
> RASMIE'S BÜDDIE

(b) Before certain words where it is usually omitted in English: — *da kirk, da scöle, da denner, da supper,*

> "Auld Mansie's Crü below da sun
> Said, 'Hame an' see da denner on'."

(c) Before the names of illnesses — *da caald, da gulsa, da brunt-rift, da sturdy.*

> ". . . da warst it ony o' wis is hed is been da mort-caald."
>
> LOWRIE

(d) In a number of adverbial phrases — *da day, da nicht, da moarn.*

> "Here da nicht I'm sitten laenly."
>
> RASMIE'S BÜDDIE

**2
INDEFINITE
ARTICLE**

The Indefinite Article is *a* before both consonants and vowels.

> "Better a empty hus as a bad tenant."
>
> ANGUS'S GLOSSARY

THE NOUN

**3
PROPER
NOUNS**

CHRISTIAN NAMES: Aandrew, Baabie, Inga, Jaarm, Osla, Seemon, Sibbie, Tirval, Willa.

DAYS OF THE WEEK: Monanday, Tiesday, Försday, da Helli days.

MONTHS: Janniwar, Mey, Jooly.

**4
COMMON
NOUNS**

Common Nouns are either Masculine, Feminine or Neuter. Nouns which are Neuter in English are often Masculine or Feminine. The following are among those usually considered to be Masculine: *aer, steid, schair, spade, sun.*

> "Da aer shaas broken ida watter, but he's hael for aa dat."
> "If ye want a göd steid ye mann tak time ta hokk him."
> SMAA MURR

A smaller number are usually Feminine, including: *lamp, fish, kirk, mön, wirld.*

> "Wi da world as shö is, even Paece man be gairdet."
> "Da Millennium is comin, bit shö's no swaetin hersel."
> SMAA MURR

Apart from its use in naming formless objects, e.g., *girse, hey, möld,* the Neuter Gender is also used as a term of disparagement — "Hit's a pör objeck"; "What's da öse a hit tryin?"

**5
ABSTRACT
NOUNS**

Examples are: — *amp, blydeness, dadderi, döl, filska, hatter, hain, hooro, lear, pjaa, redd, röd, sweerta, trift, whaarsaymeko.*

**6
COLLECTIVE
NOUNS**

Examples are: *bing* (of stones), *koose* (covered heap), *gadderi* (of people), *mird* (of people or things), *steepel* (of fish for drying), *steid* (dense shoal), *brook* (of seaweed).

7 **COMPOUND** **NOUNS**	Examples are: — *aeshin-head, ale-drinkin, blöd-freend, caddie-lamb, drummie-bee, gruel-tree, kirk-mark, mid-room, mooth-liftin, on-kerry, shappin-can, stack-steid, trow-pit, waa-geng, watter-traa.*
8 **DIMINUTIVES**	The two common diminutive endings are -kin or -ik. These endings are applied only to a limited number of words, including: — *köttikin, mutshkin, prettikin, oomikin, oorik, oomik, sillik, piltik.*

9
IRREGULAR
PLURALS

bridder	breider
coo	kye
ee	een
fit	feet
gös	geese
moose	mice
ox	owsen
shö	shön

THE PRONOUN

10
PERSONAL
PRONOUNS

The First Person Singular Nominative is ''I'', which is pronounced ''A'' when used with 'm and 'll, e.g.,

> ''Dan I hears on da brig-staens da muvvin o' cüts''.
> RASMIE'S BÜDDIE

> ''A'm seen mair as A'm etten.''
> ANGUS'S GLOSSARY

> ''A'll come alang da moarn's nicht.'' (c)

FIRST PERSON:

I	we
mine, mines	wirs
me	wis, is

> ''Yun book o mine is no here''. (c)
> ''Dis is mines.'' (c)
> ''Yun boat o wirs is no muckle wirt.'' (c)
> ''He cam ta wis as a peerie boy.'' (c)
> ''Hit's no muckle at da laeks o is'll git.'' (c)

SECOND PERSON:

The Second Personal Pronoun has a familiar form which is used a) when addressing a friend, b) when speaking to someone younger, c) when speaking to animals. It is not commonly used by children speaking to their parents or to older people.

There is also a Respectful Form which is the same as the Plural.

du	ye, you
dine, dines	yours
dee	you

"An sae aald boat for dee an me
Nae mair, nae mair da heavin sea."

DA LAST NOOST

"Ye canna bring but what's no ben."

ANGUS'S GLOSSARY

". . . an' sae, if ye laek, I'll tell you a hill-folk's story . . ."

SHETLAND FIRESIDE TALES

THIRD PERSON:

he, shö, hit	dey
his, hers, hits	ders
him, her, hit	dem

When there is more than one subject-word, *me, her, him,* etc., are used nominatively: —

"Dee an me'll draa up da boat." (c)

". . . me or mine may in some wy or idder be da means o' bringin' dis aboot."

SHETLAND FIRESIDE TALES

**11
DEMONSTRATIVE
PRONOUNS**

The pronouns *dis, dat,* and *yun* have no special plural forms.

"An dan shü spak, 'Dis I mann tell'."

RASMIE'S BÜDDIE

"Dis is no very dry paets." (c)

"A misty May an a sunny Jün, dat brings on da coarn sjün."

ANGUS'S GLOSSARY

Generally speaking, *yun* is used of things near in time and place, while *dat* is used of things past or more remote.

> "Yun's my bit o laand oot benort, an dat wis my bridder's croft at du saa apo da tidder side o da voe." (c)

Dem is also used demonstratively.

> "Dem at comes unbidden sits unsaired."
>
> ANGUS'S GLOSSARY

Dat occurs in certain idioms — *Dat's a man. Dat in traath. Sae be dat. Is du comin? Dat am I.*

<table>
<tr><td>12
**RELATIVE
PRONOUNS**</td><td>

The Relative Pronoun for any Noun is *at*.

> "Dey'r aa gluttons at little güd gets."

> "Better da piri kol at warms you as da mukkel ean at burns you."
>
> ANGUS'S GLOSSARY

> "An' sae da corbie, an da craw,
> 'At flapt der wings ower Maunsie's wa',"
>
> BROKEN LIGHTS

</td></tr>
<tr><td>13
**REFLEXIVE
PRONOUNS**</td><td>

The Reflexive Pronouns are: — *mysel/mesel, dysel/desel, yoursel* (respectful), *yoursels,* etc.

> "He wis spaekin til himsel." (c)

> "Lass," says I, "doo's shuurly mirakilled desell."
>
> LOWRIE

Me, dee, him, are also used reflexively.

> "Set dee doon." (c)
> "He wis restin him." (c)
> "I linnd me apo da stack." (c)
> "Wait du dee." (c)
> "Haste dee." (c)

</td></tr>
</table>

5

14 **INTERROGATIVE** **PRONOUNS**	The Interrogative Pronouns are: — *wha, whase, what.* "Wha aas dee?" (c) "What's du gjaan ta gie'r ta aet?" TRADITIONAL SONG "I kno no wha's da faat is" RASMIE'S BÜDDIE *What* replaces English *which.* "What o da twa o dem is best aff?" (c)
15 **INDEFINITE** **PRONOUNS**	The Indefinite Pronouns include: — *aa, baith, nane, ony, severals, tane, tidder, twa* (a few), *twartree.* "Aa da truth sudna be taald." <div align="right">ANGUS'S GLOSSARY</div> "Da tane wis sittin sheeksin ida face o' da tidder." "Severals o' dem wis dere." (c) The compound forms *demlane, derlane, herlane, himlane, mylane,* are used adverbially, meaning 'alone'. "I wis sittin mi laen bi da sheek o da fire." <div align="right">RASMIE'S BÜDDIE</div>

THE ADJECTIVE

16 **DESCRIPTIVE** **ADJECTIVES**	Some typical examples of Descriptive Adjectives are: — *birsie, peerie, rukklie.* *filskit, pellit, sholmit.* *faersome, teddisome, willisome.* *döless, fitless, vyndless.* *fainly, gödly, overly.* *pör-aamous, undömious, whaanious.* *bellin, lipperin, moorin.*

17 **DEMONSTRATIVE** **ADJECTIVES**	The Demonstrative Adjectives are: — *dis, dat, yun, sic, siccan, siccana, datna. Dis, dat* and *yun* have no special plural forms.

> "Dis hens is no layin." (c)
> "Dat boat'll be da end o him yit." (c)
> ". . . ye ken yun eens wi da currious names . . ."
> LOWRIE
> "O! wir dey ever fail'd aald man
> 'At hed sic ills ta dree?"
> RASMIE'S BÜDDIE

Dat and *yun* may be interchangeable, but *dat* is usually more emphatic than *yun.*

> "Dat sheep is never been flittit da day." (c)
> "Stick on yun tae-kettle." (c)

SPECIAL USE OF *dis.* It is used when referring to things generically.

> "We'll laekly shön be seein dis television niest." (c)
> "Man, Olie, dir a pooer o' things ta fin oot aboot dis kars."
> LOWRIE

18 **POSSESSIVE** **ADJECTIVES**	The Possessive Adjectives are: — *my/me, wir, dy/dee, yeer/your, der.*

> ". . . what pat me alang wis ta see if doo wid a bocht some o' my setnins."
> LOWRIE
> "Dan I gies his sylk hat a grit rise wi mi clug
> An slips noo mi grip ipo püir Seemun's lug . . ."
> RASMIE'S BÜDDIE
> "Anidder may come, bit fill dy place dey canna."
> HENTILAGETS
> "Doo'll maybe no git time ta licht dee pipe."
> LOWRIE

19 **INTERROGATIVE** **ADJECTIVES**	The Interrogative Adjectives are: — *whatna* (Sing.), *whatn* (Pl.), *whaase, what.*

> "Whatna boat is yun ida soond?" (c)
> "Whatn fok is yun?" (c)
> "What wye is shö?" (c)
> "Whaase bairn is du?" (c)

20	The Indefinite Adjectives are: — *aa, antrin, mony, ony,*
INDEFINITE	*some, twa, twartree.*
ADJECTIVES	

"Black is da sten at aa man spits apun."

"De're mony a güd horse snappered."

ANGUS'S GLOSSARY

". . . aa ye fin in antrin neuks,
An denkies o' Creation."

RASMIE'S BÜDDIE

"Bring in twa paets." (c)

"We'll hae ta try fir twartree sillicks." (c)

21	Examples of Compound Adjectives are: — *aff-biddin,*
COMPOUND	*blyde-spaekin, ill-vyndit, möld-rich, near-begyaan, up-loppm.*
ADJECTIVES	

22	There are a number of Adjective Phrases, such as: —
ADJECTIVE	*hale an feer, livin an life-tinkin, ill come tö.*
PHRASES	

23	The following adjectives are compared irregularly: —
IRREGULAR	
ADJECTIVES	

göd	better	best
ill	war	warst
little	less	laest
muckle	gritter	grittest

A few superlative forms may be noted — *aafilest, aftest, hidmost, inmost, nedmost, winderfilist.*

"Whin patience aandooes at da bouw da haal is for aftest heavy."

SMAA MURR

24	The forms of the Numerals are:
NUMERALS	

een	eight
twa	nine
tree	ten
fower	eleeven
five	twal
six	twinty
seevin	a hunder

Before a noun "ee" is used for English "one".

In numbers the unit is often placed before the tens, e.g., *six-an-twinty*.

The forms 'da tae' and 'da tidder' are used, meaning 'the one' and 'the other'.

THE VERB

25
REGULAR VERBS

The Past Tense and Past Participle are formed by adding: —

a) ed as in —

kyerri	kyerried	kyerried
muv	muvved	muvved
shill	shilled	shilled
töm	tömed	tömed

b) t as in —

koff	koft	koft
fill	filt	filt
loss	lost	lost

c) it as in —

creep	creepit	creepit
hock	hockit	hockit
kyemp	kyempit	kyempit
lift	liftit	liftit

26
PRESENT INDICATIVE

Present Indicative of 'kyerri'.

I kyerri	we kyerri
du kyerries	you kyerri
he kyerries	dey kyerri

27
AUXILIARY VERBS

The auxiliary verbs are: *ta be, ta hae, böst, dö, man, may, sall, will.* (See also Para. 27c.)

"Sall dö, sall hae."

PROVERBIAL SAYING

"He böst til a come alang da banks." (c)

"Dös du ken wha yun is?" (c)

NOTE: "I sall" is often contracted to "I's."

"I's warren he'll no dö it." (c)

Verb *ta be:*

Present Tense		Past Tense	
I am	we ir	I wis	we wir
du is	you ir	du wis	you wir
he is	dey ir	he wis	dey wir

ta hae:

I hae/hiv	we hae/hiv	I hed	we hed
du hes	you hae	du hed	you hed
he hes	dey hae	he hed	dey hed

NOTE: The verb *ta hae* has another form in the Infinitive — *a*. (For examples in *a* see Para. 27d)

CONJUGATION OF OTHER AUXILIARY VERBS: —

Present:	sall	will	may	dö	can
Past:	sood	wid	micht	did	could

27a
NEGATIVE FORMS

These auxiliaries, and all other monosyllabic verbs, may be made negative by adding *-na*. e.g., *canna, soodna, widna, medna, tellna, tochtna, saidna.*

(The negative may also be formed by adding the word *no* to any verb). e.g.,

"Du widna brak dee tae ida sten at lies no i dee wye."

ANGUS'S GLOSSARY

27b
INTERROGATIVE FORMS

The Interrogative is formed by suffixing *-n* or *-na*. e.g., *isn/isna, did'n/didna*. Either form may be used.

"Is'n shö a boany ting?" (c)

"Couldna du a wun ower?" (c)

"Can'n we no aa come in?" (c)

10

NOTE: General interrogation is conveyed by the inversion of subject and predicate, as well as by the use of auxiliary verbs.

> "Saw ye onything dere o my bonny young lad
> At wis taen ida first o da Voar?"
>
> ECHOES FROM KLINGRAHOOL
>
> "What tinks du?" (c)

27c
SPECIAL USE OF THE AUXILIARY

The verb *ta be* may be used as an auxiliary with any verb in the indicative mood to express the Perfect or Pluperfect tense.

> "A'm hed as güd kael i' mi kog."
>
> ANGUS'S GLOSSARY
>
> "Fifty Voars I'm dell'd an set da taaties."
>
> "Whin shö her boanie shain wis med,
> Shö flang da blossoms ower mi head,
> An laachin sed, 'I'm gotten dee'."
>
> RASMIE'S BÜDDIE
>
> "Ye never did me ony ill an' noo ye're düne me muckle guid."
>
> "I'm read my Bible, bit aftener da Testament."
>
> SHETLAND FIRESIDE TALES
>
> "I wis taen da grice oot apon da green yonder . . ."
>
> LOWRIE
>
> "Da lasses wis gotten on da anker kettle."
>
> "Dat twartbaak wis gien snap ower da middle."
>
> "Yon'll juist be laid Willa by."
>
> LOWRIE
>
> "But du's taen a' dy cares ta Christ,
> An I'm taen mine ta dee."
>
> BROKEN LIGHTS
>
> "Whin A'm feenished yun A'll be dön a göd day's wark." (c)

27d
THE VERB
TA HAE

The verb *ta hae*, in the form *a*, is used as an auxiliary with *böst, could, hed, micht, most, sood,* and *wid*.

> "I wid a laek'd till a bune a moose i' da waa . . ."
>
> "We micht a come ta some bargin aboot dem . . ."
>
> ". . . doo soodna a buddered."
>
> LOWRIE

11

"I micht a been misackered for a' my days."

"If it hed a been me, I wid a geen an met her . . ."

". . . du wid a gien a guid piece o gaitt afore du wid a fun twa better flyters."

SHETLAND FIRESIDE TALES

UNST LETTER, 1836

28 THE VERB: PRESENT INDICATIVE

Verbs in the present indicative have the termination -*s*:

a) in the historic present:

"So I grips an kerries her (hen) ta da hoose . . ."

LOWRIE

b) in the plural when the subject is a noun:

"Aald folk is twice bairns."

"Aald smugglers maks gud Customhus Officers."

"Far fled fuls hes fair fedders."

ANGUS'S GLOSSARY

"Some dugs' tails is aisy wagget."

"Aa waary-codlins is no red alaek."

SMAA MURR

"Noo aa da bairns its gyaan ta wirk apo da laand gits tree days agricultural eddicashion i' da week . . ."

LOWRIE

". . . whin da horses an' kye an da habbleshue o' outdoor wark taks a' his time; . . ."

SHETLAND FIRESIDE TALES

SPECIAL CASE IN PAST TENSE OF VERB *ta be*:

". . . his feet wiz wirt twa pairs o haands til him."

UNST LETTER, 1836

c) after a relative pronoun:

"Dey lang at lippens."

ANGUS'S GLOSSARY

d) when the subject is a pronoun separated by a clause or phrase from the verb:

"Dem at sjüir binds sjüir finds."

ANGUS'S GLOSSARY

"I'm a puir sinful craetur, an' kens little o' da wisdom o' dis wirld; . . ."

SHETLAND FIRESIDE TALES

12

e) after the singular pronouns *du, he, shö,* or *hit:*

> "He heaps aa da kols upon hisn ain bannik."
> ANGUS'S GLOSSARY

When other pronouns immediately precede the verb, the verb does not end in -*s.*

> "Hit'll be dark afore we feenish dis." (c)

> "Dey aet a hantel at grinds oot."
> "Dey'r aa gluttons at little güd gits."
> ANGUS'S GLOSSARY

When these other pronouns are separated from the verb by an adverb the verb does not end in -*s.*

> "We shörly ir near da end o da rodd noo." (c)

29
IMPERSONAL
USAGE

Der is used for English 'there is' and 'there are.'

> "Der still a man abüne a man."

> "Whan de'r ower mony irons ida fire some a dem comes ill ut."
> ANGUS'S GLOSSARY

> "Der nae tyool made at can deer apo stoopidity."
> "Der werr denners apo da aert dan saat herrin an taaties."
> SMAA MURR

Dey wir is used for 'there was' and 'there were'.

> "Dey wir bune a braw coarn o' sook dat day."
> LOWRIE

> "Dey wir plenty o flooers ida parks ootby."
> ECHOES FROM KLINGRAHOOL

This usage is extended to other tenses:

> "Du needna geng: dey'll be naebody ida hoose." (c)
> "Dey widna a bön muckle left whin du cam." (c)

NOTE: *Dere's* is used demonstratively:

> "Dere's da twa folk at we saa da streen." (c)

He is used impersonally in references to weather:

> "He's a cowld day." (c)
> "He's bön him a simmer." (c)
> "He's makkin nae sook." (c)

A great many verbs are used reflexively, many of them being used instead of the English intransitive.

> "As a man maks up his bed sae lays he him doon."
> ANGUS'S GLOSSARY

> ". . . we set wis ti da fire."
> LOWRIE

> "Ye manna linn you on da gunnal o' a new-terred boat."
> SMAA MURR

> "Du'll no set dee at." (c)
> "Dip dee." (c)
> "Haste dee." (c)
> "We'll hae ta rest wis a peerie start." (c)
> "Lay dee doon, dug!" (c)

The Ethic Dative is used:

> "Auld Maunsie biggit him a crü
> Ta growe him kail for mutton brü."
> MAUNSIE'S CRÜ

> "Du's been dee a dim." (c)
> "He's made him a time." (c)

NOTE: Other examples of idiomatic usage differing from English:

> "Geng dee wis in trow." (c)
> "Come you wir ben." (c)
> "Rise dee wis up, du lazy sloo . . ."
> ECHOES FROM KLINGRAHOOL

> "He'll be him a banks-gaet." (c)

THE ADVERB

Adverbs of Manner are usually the same as the corresponding adjective.

> "Hit wis near dön." (c)
> "He wis gyaan aafil slow." (c)
> "Yun's aisy gotten." (c)
> ". . . da tow began ta snore heavy upo' da cabe."
> SHETLAND FIRESIDE TALES

14

32 **ADVERBS** **OF TIME**	Adverbs of Time include *aft, afore, aye, dan, eence, eenoo, evenoo.*

"Keep up dy hert an dunna greet
As aft doo's dune afore."

SHETLAND FIRESIDE TALES

"Even noo he's creepin troo da yard . . ."
"Dan I hears on da brig-staens da muvvin o cüts . ."

RASMIE'S BÜDDIE

"Da freendship o a flee is aye kindo buddersome."
"Parliament wis eence spaek yir mind; noo it's spaek."

SMAA MURR

33 **ADVERBS** **OF PLACE**	Adverbs of Place: *abön, dere, fram, furt, here, heru, inby, ubdee, yundru.*

"Says I, 'Lass come furt, hit's bedtime wi' dem'."

LOWRIE

"Dan I draas him wi force übdee by ta da door . . ."

RASMIE'S BÜDDIE

"Inby ida muckle shair."

TRADITIONAL SONG

"Sees du da mön yundru abön da Wart." (c)
"He's fine abön wi dis frosty wadder." (c)
"He wis gyaan here an dere laek a moniment." (c)
"Da boats göd fram." (c)
"Dey aa göd furt." (c)

34 **ADVERBS** **OF DEGREE**	Adverbs of Degree: *braaly, clean, dat, kinda, maistlins, odious, ower.*

"An dads tü da door, maistlins layin in coom
Da pairt o his end 'at wis still ida room."

RASMIE'S BÜDDIE

"An wi' dis, heth, he slips it, an looks kinda tirn."

RASMIE'S BÜDDIE

"Whin he heard dis he nearly göd clean mad." (c)
"Dey wir braaly tired afore dey wan hame." (c)
"I never kent he wis dat weel aff." (c)
"Shö wis a odious fine body." (c)
"Shö's ower göd for him." (c)

15

35 INTERROGATIVE ADVERBS	Interrogative Adverbs: *foo, hoo, whan, whaar, what for.*

35
INTERROGATIVE ADVERBS

Interrogative Adverbs: *foo, hoo, whan, whaar, what for.*

"Foo is aa your folk?" (c)

"Labour kens what shö wants, bit no hoo ta get it."
SMAA MURR

"Whaar cam yun fae?" (c)

"Whan's du gyaan ta mairry her?"
TRADITIONAL SONG

"What for is Peerie Andrew gaain liftin his feet laek a shackled cock?"
SHETLAND SKETCHES AND POEMS

36
COMPOUND ADVERBS

Compound Adverbs: *headicraa, singaets, stridi-legs, widdergaets.*

37
ADVERBIAL PHRASES

Adverbial Phrases:

TIME: *at da aidge o a time, at da lang an da lent, for aftest, in times, in end, up da latest.*

MANNER: *atween da bed an da fire, noo an sae, sheek for showe, sidi for sidi.*

PLACE: *furt trow, hame eftir, nort ower, ubdee by.*

REASON: *eence a errand.*

CONCESSION: *for aa dat, still an on.*

CONJUNCTIONS

38
CONJUNCTIONS

afore	eftir	sin
an	fil	whaar
as	fir	whaarby
at	foo	whaarsay
bit	nedder	whedder
caas	or	whin
edder	sae	

afore —

"Du'll just hae ta tak a air o' blaand an' meal afore du gengs ida ebb."
SHETLAND FIRESIDE TALES

an —

"Wi dis he gae a muckle gaff.
An made a yok for Baabie."

RASMIE'S BÜDDIE

"Da langer we live an da maer fairlies we see."

ANGUS'S GLOSSARY

"So I sings oot, 'Come in, an your clivviks be clean'."

RASMIE'S BÜDDIE

as —

"Better late as never."

ANGUS'S GLOSSARY

at —

"He wis dat tirn at he widna come ithin da door." (c)

bit —

"Dey can live wantin aa der kin, bit by der neebor
dey kanna win."

ANGUS'S GLOSSARY

caas —

"Caase da richt whaare'er ye finn it
Aye is raeffled wi da wrang."

RASMIE'S BÜDDIE

edder —

"Shu left her fine English an' spak just plain as idder
you or me."

SHETLAND FIRESIDE TALES

eftir —

". . . eftir we wir gotten wir brakfist a Tiesday, we
took wir fit i' wir haand an' set aff."

LOWRIE

(Sometimes in form *efter as*)

fae —

"Fae he cam in, da sheeks o 'im is never aised." (c)

fil —

". . . I wantid Willa ta wait fill du cam' back."

fir (until) —

"Shö'll jöst hae ta staand fir I win til her." (c)

fir (because) —

"Yea, I ken he's shöre ta com,
Fir he laeks bairns braaly."

HENTILAGETS

nedder —

". . . left here I may say, an nidder can win or want."

SHETLAND FIRESIDE TALES

or —

"A'm hed dis caald fir mair or a week." (c)

sae —

"Sae he springs till his feet, and makin a claw
For me gansey, he cloors baid da shooders awa."

RASMIE'S BÜDDIE

sin —

"Hit's twenty year dis verra day
Sin I last sang a New Year rime;"

ECHOES FROM KLINGRAHOOL

whaar —

"If dis wis düne ye wid shüne see a mony a burnin'
an' a shinin' licht whaar noo we haena da blink o a
üllie collie."

SHETLAND FIRESIDE TALES

whaarby —

"Heth, som' o' dem is flo'ered laek da manse
gaerden, whaarby, i' da kyuntry, dir nae need o'
pittin onything mair i' da window is maybe a bottle o'
readin' sweeties . . ."

LOWRIE

whaarsay —

"He gengs aroond aa toffed up, whaarsay he's a man
o means." (c)

whedder —

"A'm no carin whedder he comes or no." (c)

whin —

"Whin faerliss hears Death's clock laek music shime,
Whin Dayset hoids da lang hillside o Time."

RASMIE'S BÜDDIE

INTERJECTIONS

The Interjections include:

Haddee tongue!	— "Surely not!"
Hae!	— "Here you are!"
Hoy!	— "Hey!", "Ahoy!"
Less a less!	— "Alas!"
Less an döl!	— do.
Nyim, Nyim!	— "That tastes good!"
Wheesht!	— "Quiet!"
What du laeks!	— "Please yourself!"
As for dat!	— "That's just what I would expect."
Dat in traath!	— Expression of surprise.
Gadge!	— Expression of distaste.
Gori!	— Expression of surprise.
Hit, hit!	— Expression of disparagement.
Ill helt!	— Expression of annoyance.
Never spaek!	— Expression of affirmative.
So!	— Expression of sufficiency or resignation.
So so!	— Expression of conciliation.
True tale!	— Expression of ironic agreement.
Tweetishee	— Expression of utter contempt.
I! I!	— Disclaimer, e.g., "Is du gyaan ta da concert?" "I! I!"

Calls to animals: *kid, kid/kiddie, kiddie* — to sheep; *kit, kit* — to hens; *kuss, kuss* — to cows; *shuggie, shuggie* — to horses. *Kist!* — "Go away!" (to a cat); *Sigg him!* — "Seize him!" (to a dog).

NOTE: AFFIRMATIVE AND NEGATIVE.
Affirmatives are: *Ya, Yea, Hiss* (with a tendency to be iterative). Negatives are: *Na, No.*

PREPOSITIONS

41
PREPOSITIONS

The chief prepositions are: —

a	— of	doon	— down
aboot	— about	ere	— before
abön	— above	fae	— from
afore	— before	fir	— for
ahint	— behind	firnenst	— against
alang	— along	i'	— in
alangst	— along	i'	— on
aless	— unless	in	— in
anaeth	— beneath	in	— as
anunder	— below	ita	— into
apo	— upon	itil	— into
apon	— upon	laek	— like
aside	— beside	neist	— next
at	— at	o	— of
athin	— within	ower	— over
athoot	— without	roond	— round
atween	— between	sin	— since
be	— by	ta	— to
be-oot	— beyond	til	— to
by	— by	trou	— through
benon	— besides	up	— up
benort	— north by	wi	— with

a — form of 'of' (See *o*)

"Da sicht a dee is göd for sair een." (c)

"Du cam a da kind." (c)

"Tammie a Vodisgyill." (c)

aboot —

"Hit wis aboot twal a'clock whin we wan dere." (c)

"Shö wis wint ta come ower aboot da nicht." (c)

". . . he sees da hale scroo a' tirded an torn aboot da eart."

SHETLAND FIRESIDE TALES

"Hit's jöst wadder for gyaan aboot da doors." (c)

"We gadder'd ower in Paetie's hoose
Da streen aboot da hümin."

RASMIE'S BÜDDIE

20

abön —

"An in a meenit, straicht abön da Wart
A mirrlin' coorteen rekks across da lift."

HENTILAGETS

"He coodna spaek abön his braeth." (c)

afore —

"Lord open your wye afore you, an' bring you safely
ta your ain hame."

SHETLAND FIRESIDE TALES

"Hit's no afore da time." (Idiomatic saying.)
"Dey göd afore da hill." (c)
"He wis takkin everything afore him." (c) —

ahint —

". . . he aye laeves his brukk ahint him for me ta
redd up."

LOWRIE

". . . an fan aald Lowrie heftin spades
Ahint da barn door.

MAREEL

alang —

"E winter day I waandered oot,
An doon alang da burn."

RASMIE'S BÜDDIE

"I göd alang da banks." (c)

alangst —

"An Paetie sat itill his shair
'At stüde alangst da gaevil,"

RASMIE'S BÜDDIE

aless —

". . . ta see Kirsie's face, aless a hairst mune."

LOWRIE

"Dey wir naebody dere aless him." (c)

anaeth —

"Ita da yard da shaefs we bigg
Anaeth da hairst müne."

RASMIE'S BÜDDIE

anunder —

"Der ne girst grows anunder a flittin sten."

ANGUS'S GLOSSARY

"I tink da skuppers anunder da guite o da door wis shockit . . ."

LOWRIE

"He wis gyaan laek a mare anunder bends." (c)

apo — (before consonant)

apon — (before vowel and finally). These almost entirely replace the English preposition 'on'.

apo —

"Pit mair claes apo dee." (c)
"He wis apo twa minds." (c)
"Der a evil cowld apo me." (c)
"Du'll mind apo dat." (c)
"I met him apo da rodd." (c)
"He wis readin apo da paper." (c)
"Da hoose wis biggit apo da banks-broo." (c)
"Dey göd apo da wind." (c)
"Du'll tak yun medicine apo dy fastin hert." (c)

"Da maas ipo da water."

RASMIE'S BÜDDIE

"Hit's ill hained at's hained upo da güidwife."

ANGUS'S GLOSSARY

"He sees a bonnie silkey skin lyin ipo da tap o' a stane."

SHETLAND FIRESIDE TALES

"Here we cam apo da Ostrich."   ʿ

LOWRIE

"I lint me apo da yaard-dek."

UNST LETTER, 1836

apon —

"Oot ower apon a weel-kent hill."

BROKEN LIGHTS

"A coarn a mell apon a plate."

TRADITIONAL SONG

"Dey lowsed apon 'im." (c)

"Der a tryin knapp apon 'im." (c)

"He wis gyaan apon his fowers." (c)

"He cam apon anidder errand." (c)

"Whit lay wis he apon?" (c)

aside —

"Set dee doon aside her." (c)

"I wis bön ower aside Lowrie ida Gerts." (c)

at —

"He spak o' herrin signs, da twa,
At tells ye sood be at her."

RASMIE'S BÜDDIE

"Der a lok a men at da whalin da year." (c)

athin —

"blaain da soet an' ess athin her face."

LOWRIE

"A'm never bön athin da hoose da day." (c)

athoot —

"A'm never bön athoot da door da day." (c)

"Is du come athoot dee pail?" (c)

atween —

"An ean wid staand ipo da plank,
Atween da twa at sat . . ."

RASMIE'S BÜDDIE

"He wis jöst atween da bed an da fire." (c)

be —

". . . be dat time dey'll maybe hae a paatent plottin'
macheen . . ."

LOWRIE

"I kent be da wye at he spak at he wisna weel
plaesed." (c)

benon —

"Ir ye no gyaan ta tak onything benon dis?" (c)

"Da pör gets bread; da rich bread an butter, an
shugger benon."

SMAA MURR

23

be-oot —

". . . da muckle skerry be-oot da taing."

ECHOES FROM KLINGRAHOOL

benort —

"Benort da Daeks a Voe." (Traditional Tune.)
"Da coo wis teddered oot benort da hoose." (c)

doon —

"As I wis gjaan doon Harbour Street
I Füirsday efternün."

ECHOES FROM KLINGRAHOOL

"Doon da Routh." (Traditional Tune.)

ere —

"Du'll git war bods er Beltin day."

ANGUS'S GLOSSARY

fae —

". . . fae da dim rives till black dayset shu's yaag,
yaag, yaagin'."

SHETLAND FIRESIDE TALES

"Rarest o neebors, du's a sad miss fae Scranna."

HENTILAGETS

fir —

". . . we coodna see a stime fur ess."

LOWRIE

"He gae a yalk an med fur da door."

LOWRIE

firnenst —

"Strong an ticht we bigg wir hooses,
Taek dem weel fornenst da blast."

RASMIE'S BÜDDIE

"Sae veeve laek fornenst da mirk sky."

HENTILAGETS

i'

"Troo aa-thing at man is biggit
I' da glory o his strent."

RASMIE'S BÜDDIE

"De'r no mukkel room i da kirk whan da minister
kanna win in."

ANGUS'S GLOSSARY

i - (on)

"I wis dere i' Försday." (c)

in —

(Before vowels and when there is no article.)

". . . dan hit maitters no whidder doo smoars him in a tub, or taks his head aff wi' a saa."

LOWRIE

"An red wi rage he bet in twa
Da heogue atween his yackels."

NICKY TWATT AN KEETY CLAW

"Hit wis jöst in times at we could skrime da laand." (c)
"I got yun graavet in a present." (c)

ita —

"Whit's no ita da hoose, an no oot ida hoose, and yit hit's aboot da hoose?"

OLD RIDDLE

"Geng ita your beef-barrel."

TRADITIONAL SONG

itil —

"I asked her fir a bag ta kerry da hen itil."

LOWRIE

"It's lyin dere itil a bing."

HENTILAGETS

laek —

"He wis gyaan laek da sun apo da waa." (c)
"Hit's laek a day at du wid geng ta da handline." (c)

"An wi saft slumber for a paet
Shü rests dem laek da fire."

RASMIE'S BÜDDIE

"Aff he guid laek da fool oda air."

UNST LETTER, 1836

neist —

"Gies da bit lies neist da breest."

TRADITIONAL SONG

o' —

(Emphatic form of English 'of')

"A'm sent dee da leatter at I wiz teallin dee o'."

UNST LETTER, 1836

"What tink you o' 'im?" (c)
(cf. "What tink you a him?")

NOTE: *o* is sometimes used partitively, e.g.,
"Dey wir o dem at didna believe him." (c)

on —

(See *apo*). Used adverbially along with
certain verbs. See para. 45.
"Dey fell oot at da crö, an nearly hed da nevs on." (c)

ower —

"Tak da Scord o Quarff ower da Point o Skeld."
LOCAL MEED

"A'm gyaan dere ower da helli." (c)

roond —

"He kent no 'at wir bit o glob
Gengs tirlin roond da sun."
RASMIE'S BÜDDIE

"Is du comin for a turn roond da rods?" (c)

sin —

"I hed a draem no lang sin syne . . ."
SHETLAND FIRESIDE TALES

ta —

"I'm gaen ta da far haaf . . ."
SHETLAND FIRESIDE TALES

"Sae rins da reel ta some mysteerious tune."
HENTILAGETS

til —

"I says til him, "Bridder, kens doo dis snuff-mill?"
UNST LETTER, 1836

". . . here's Gibbie, wi Kirsie hingin in till him."
LOWRIE

"Da day slips aff his gowlden sark
An smoots him till his bed."
RASMIE'S BÜDDIE

"Noo, whaar Ill-Helt's du makkin till
Dis aerly i da moarnin?"
RASMIE'S BÜDDIE

trou —

"Willa cam bucksin in trow da transe . . "
LOWRIE

"I'll tak dee roond trou Grönasound."
HENTILAGETS

up —

"Dan tak ye comfirt, bridders, aye,
As up Life's brae ye stunk."
RASMIE'S BÜDDIE

"Will ye fin yer wye up da stairs?" (c)

wi —

"Ye kanna fell a dog wi a ben."
ANGUS'S GLOSSARY

". . . da grice cam doon wi a boof . . ."
LOWRIE

"What ee saa du dat wi?"
ANGUS'S GLOSSARY

"Geng furt wi dee!" (c)

"Da bairn wis bön kloored wi a cat." (c)

42
MULTIPLE
FORMS

In some cases pairs of prepositions and adverbs have combined, frequently giving an iterative effect: — *aff a, doon a, doon ita, in a, in ita, oot a, oot ita, up a, up ita.*

"Shö klined a sheave a loff wi butter new aff a da kirn." (c)

"He wis gyaan aff a fit, an on a fit." (c)

"He climmed doon ita da gyo eftir wrack-wid." (c)

"Set dee in ita da restin-shair." (c)

"He kent anyoch ta keep him oot a da fire an aff a da water." (c)

"Bide in a da hoose; dunna geng oot ita da snaa." (c)

"Du's up a dee cuddie da nicht." (c)

OTHER VERBAL USAGE

43
THE GERUND

Certain idioms with the gerund may be noted.

"Da coo wis in liftin." (c)
"Dey wir at hair-rivin." (c)
"Dis paets is fir raisin." (c)
"He wis nedder fir haddin or bindin." (c)

In some districts the gerund is pronounced differently from the present participle.

44
SUBJUNCTIVE MOOD

The forms of verbs in the subjunctive mood are the same as those in the indicative, except that the verb *be* has a special subjunctive form.

"If dat be's true, du'll hae ta geng." (c)
"I widna wiss him ony ill, bröt although he be's." (c)

45
ADVERBS AND PREPOSITIONS AT WORK

There are many examples, mainly in idiomatic phrases, of adverbs, and prepositions, being used in conjunction with verbs and thus providing several distinctions of verbal meaning. (For specialised meanings see under verb in Glossary.)

ta aet —

"Folk, you'll aet up, or you'll miss da tide." (c)

ta blatter —

"I'm a püir deein' objekd wi da life just blatterin' in."
SHETLAND FIRESIDE TALES

ta brak —

"I wis tinkin ta brak oot a bit a hill laand ida Voar." (c)
"Is yun taaties no brokken up ta boil yit?" (c)
"Dey wir five a dem dellin an brakkin on ida rig." (c)
"Is du said onything aboot it yit?" "Na, A'm no brokken it up til him yit." (c)

ta come —

"Laeve him fir a bit an he'll shön come at." (c)
"Du's no ta come at me wi yun haet kettle." (c)
"He wis braaly tirn, but shö shön cam aboot him." (c)

"I cam apo Jeemie Tamson apo da Ayre o Widwick."
UNST LETTER, 1836

ta draa —

"Whin da raingeese gengs ta da hill
Draa up your boats an geng whaar you will."

OLD SAYING

"He wiz draain him weel up ta Johnsmas."

UNST LETTER, 1836

"Draa on dee socks an come wi me." (c)

ta cast—

"Du'll mind an cast aff a loop at da end a da geng." (c)
"Shö's no bön da sam sin her man wis cassen awa at da haaf-fishin." (c)
"Whin dey lowsed ta da flytin shö wis wint ta cast up aald history til him." (c)
"Cast aff dee jacket." (c)
"I widna cast oot wi a bit a reestit mutton." (c)
"Hit's time at du cöst yun aald breeks by." (c)

"A boat wi' dis kind o' knotts in her wis shüre ta be cassen awa."

SHETLAND FIRESIDE TALES

ta faa—

"Hit faas afore me at we never paid for yun mell." (c)
"Da flesh is kinda faan apon wi da haet wadder." (c)
"He's faan awa ida wind." (c)

"Noo faa du ower, my lammie."

TRADITIONAL LULLABY

ta geng

"I will hae ta be movin' noo, it's gaain ipun ten o'clock."

SHETLAND SKETCHES AND POEMS

"Da wind is gien aboot noo ida efternön." (c)
"Da book is gien fae da brods." (c)
"I mindit hit eence, bit hit's aa gien fae me noo." (c)
"Yon gansey is fairly gien in sin he wis wishen." (c)
"Der gien at yon dancin' aa winter." (c)

ta hadd—

"If du hadds nort ower du'll be sure ta come apon him." (c)
"Your comin ower closs; hadd aff o me." (c)
"Hadd on a meenit an A'll be wi dee." (c)
"Tinks doo will dis wadder hadd up lang?" (c)

"Hadd awa oot ower, dog!" (c)

"If du hadds at him du'll sön mester him." (c)

"If du hadds in ta da banks du'll aisy fin da noust." (c)

ta hear —

"Dat's suntin ta hear apun." (c)

ta lay —

"Jöst du lay dee mind till it an du'll no be lang." (c)

"Aald Naanie wis da very een ta lay a aamos apon." (c)

"He laid aff for a solid oor." (c)

"He's layin at da rain." (c)

"He's laid doon a lok a snaa." (c)

"So boys, lay in your aers." (c)

"Whin nicht cam da snaa fairly laid on."

"Shö'll lay up twartree spencers ida coorse o a week." (c)

"Lay tö da door boy." (c)

"Lay up dee twartree pennies." (c)

"Shö wis sittin dere layin at da sock." (c)

"He wis ony wun half-rod whin he hed ta lay aboot wi da bad nicht." (c)

"Hurry up, boy, an lay yon gruel athin dee." (c)

"What dat wife lays oot for da ting a boy!" (c)

"Da lichtning strak da hoose an laid everything in bruck." (c)

"He wis laid up every winter wi da rheumatics." (c)

"A'll jöst lay me ower ida restin-shair." (c)

"Lay fae dee!" (c)

ta licht —

"Whinever he göd furt da trows wid licht till 'im." (c)

"Whaar lichtit du in wi yon?" (c)

ta lowse —

"He lowsed wi da rain." (c)

"Lowse du up yon parcel, till I see what's athin him." (c)

"If he dösna lat wis alane we'll aa lowse apon 'im." (c)

"Lowse fae dee!" (c)

ta mak —

"Da sea wis makkin apo da baa." (c)

"He wis wint ta hae his tae, an dan mak for da banks." (c)

30

"Dey wir faird at he wid mak awa wi himsel." (c)

"Shö wis sittin makkin apon her sock." (c)

"If du maks efter him noo du'll aisy catch him." (c)

"Hit's makkin up for a bad nicht." (c)

"My green an' magenta gravit wi da yellow tossils at Kirsie wis just med aff . . ."

LOWRIE

ta redd —

"Ta redd oot kin ye mann be wice;
It taks a pooer o hunsin."

RASMIE'S BÜDDIE

"Shö wis trang reddin up da hoose." (c)

ta set —

"Set dee in ta da fire." (c)

"Hoo mony lambs is du gyaan ta set on da year?" (c)

"Eftir as he wis taen his denner he set him at." (c)

"Heth! Yun'll no set dee up." (c)

"He's settin up a shooer ida Nor-wast." (c)

"Set up da fire — he's turnin aafil caald." (c)

"Wid du manage ta set me ower da soond?" (c)

"Der shörly someen set him up ta yon prettikin." (c)

"Da dog set up a aafil yalkin." (c)

"Set dee doon apo dis shair." (c)

"Fifty simmers ower da Muckle Water
I'm sailed an rouwed an striven an set on."

RASMIE'S BÜDDIE

ta sit —

"A'm no gyaan ta sit oot da fire." (c)

"So, sit up itil him an his onkerry." (c)

"Dey wir wint ta sit aboot da fire makkin." (c)

"Deil sit anunder dee!" (c)

"Deil sit athin dee!" (c)

"Deil sit i der finger-ends!" (c)

"Dey sat fornenst een anidder aa nicht." (c)

". . . we wir blyde ta sit in an rest wis."

LOWRIE

ta staand —

"Ever sin dat nicht he staands afore me yit." (c)

"Da wind is staandin on." (c)

"You'll git cowld yunder, staandin aboot." (c)

"Da rain wis staandin aff a da aert."

ta stick —

"Whin we wan ta da beach I stack da boat at." (c)

"Stick up yon calendar apo da waa." (c)

ta tak —

"Shö wis aafil taen aff." (c)

"Da rain never seemed laek ta tak aff." (c)

"Da skroo wis weel taen aboot." (c)

"Tak at dee, boy, an we'll shön win hame." (c)

"Ill Helt care, du can tak on." (c)

"Whin his wife deed, what he took on!" (c)

"For aa at I gae him a broad hint, he never took me on." (c)

"Du'll hae ta tak in yon baand; he's ower lang." (c)

"He took on his kishie a paets an made for da hoose." (c)

"He never took up itil it." (c)

"Dey wir taen him up wrang." (c)

"He's takkin up ita da wind." (c)

"He wis taen till fae Barnisdale an doon." (c)

"He took for da hoose." (c)

"Da fok took aafil weel wi da new minister." (c)

"He took till his een." (c)

"Shö took up da bairns whin da midder deed." (c)

"He wis blyde ta tak da door ower his head as fast as he cud."

SHETLAND FIRESIDE TALES

ta tear —

"Dey wir aa tearin at an wirkin." (c)

"He'll tear him up a time." (c)

ta wirk —

"He wroucht oot every nip a laand fae da banks-broo ta da hill-daek." (c)

"He wroucht on till he wis aboot maachtless." (c)

IRREGULAR VERBS

A

aa	aaned	aaned
	acht	acht
aet	öt	ötten
		aeten

B

bake	bakit	bakit
	byoook	byookin
		baken
bear	bör	borne
begin	begood	begood
	begöd	begöd
bid	bade	bidden
bide	bed	bidden
bind	band	bund
bite	bet	bitten
blaa	blew	blaan
brak	brook	brokken
bring	broucht	broucht
burn	brunt	brunt
burst	burstit	bursen
buy	boucht	boucht

C

cast	cöst	cassen
cleave	cleaved	cloven
	cloved	
clim	clam	clum
	climmed	climmed
come	cam	come
craa	craad	craad
	crew	craan
creep	creepit	creepit
	crepp	

D

ding	dang	dung
draa	drew	draan
drive	drave	driven
drink	drank	drukken
dö	did	dön

33

F	faa	fell	faan
	fetch	fetched	fetched
		fötch	
	fin	fan	fun
	flaa	flaad	flaan
	flae	flaed	flen
	flyte	flet	flitten
	freeze	freezed	frozen
G	gaa-burst	gaa-burstid	gaa-bursen
	geng	göd	gien
	get	got	gotten
	gie	gied	gien
		gae	
	greet	gret	grutten
	grind	grand	grund
	growe	grew	growen
H	hadd	held	hadden
		höld	
	haet	haetit	haetit
		het	
	hing	hang	hung
		hung	
	hit	hat	hitten
	hochbend	hochbendit	hochbendit
		hochbund	hochbund
J	jimp	jamp	juppm
		jimpit	jimpit
L	laach	laacht	laacht
		lyooch	laachen
	lat	löt	latten
	lay	laid	laid
	lie	lay	lien
	loop	lep	luppen
M	maa	maad	maan
	misfare	misför	misforne
		misföred	misföred
	misgeng	misgöd	misgien
	mistak	mistook	mistaen

O			
	owercome	owercam	owercome
	owerdraa	owerdrew	owerdraan
	owergeng	owergöd	owergien
	owertak	owertook	owertaen

R			
	ride	red	ridden
	rin	ran	run
	rise	rase	risen
	rive	rave	riven
	rost	rostit	rossen
	rot	rottit	rottit

S			
	saa	saad	saan
	seek	soucht	soucht
	sell	sowld	sowld
		selled	selled
	shaa	shew	shaan
	shaste	shastit	shastit
		shöst	
	shaer	shör	shorn
	shave	shöve	shoven
		shaved	shaved
	sheen	shon	shon
		sheened	sheened
	showe	showed	showen
	sit	sat	sitten
	slide	sled	slidden
	sling	slang	slung
	snaa	snaad	snaan
	spaek	spak	spokken
	spin	span	spun
	staand	stöd	stöd
	stael	stöl	stowen
	stick	stack	stucken
	strick	strack	strucken
	sling	slang	slung
	stride	stred	stridden
	strive	strave	striven
	swear	swör	sworn
	sweat	swett	swett
			sweated
	sweem	swam	swöm

35

T	tak	took	taen
			tön
	tell	taald	taald
		towld	towld
		telt	telt
		telled	telled
	tear	tör	torn
	tink	tocht	tocht
	traa	traad	traam
		trew	
	trive	trave	trivven
U	up-tak	up-took	up-taen
W	wash	wösh	wöshen
	wish	wösh/wished	wishen
	white	whet	whet
	wear	wör	worn
	weet	wet	wet
		weetit	weetit
	win	wan	wun
	wind	wand	wund
	wirk	wroucht	wroucht
		wirkit	
	write	wret	wret
		wrat	
		wret	written

SURVIVING IN PARTICIPIAL FORM ONLY

behadden
begrutten
blödsprung
gurblottit
inbiggit
kroppm
wanrestit

36

VERBS OF UNUSUAL CONJUGATION

A	affbend	affbent	affbent
C	catch	catched	catched
	cled	cled	cled
	crugset	crugset	crugset
	cut	cuttit	cuttit
F	firyat	firyat	firyat
H	hurt	hurtit	hurtit
K	keep	keepit	keepit
	ken	kent	kent
	kyin	kyent	kyent
L	ledd	ledd	ledd
S	swall	swalled	swalled
	swöm	swöm'd	swöm'd

GLOSSARY OF WORDS AND PHRASES

aa	—	to owe.
aamos	—	a promised gift to someone on condition that a wish is granted to the donor.
aidge o a time	—	occasionally.
aer	—	oar.
aeshin-head	—	top of side wall of house inside roof.
aff-biddin	—	forbidding.
amp	—	state of anxious expectancy.
antrin	—	occasional.
ase	—	ashes (usually 'ess').
atween da bed an da fire	—	in a semi-invalid condition.
aze	—	blazing fire.
banks	—	cliffs.
bellin	—	festering.
bends	—	harness for peat-pony.
birsie	—	hairy.
blaand	—	whey.
blatterin	—	flickering (as applied to breath).
blödsprung	—	in an agitated condition.
blydeness	—	gladness.
bods	—	offers.
braaly	—	considerably.
brak	—	ta brak on: to break up sod in delving. ta brak oot: to cultivate. ta brak up: 1) to begin; 2) to mention.
brods	—	boards.
bucksin	—	walking heavily.
cabe	—	thole.
cam o da kind	—	was of that sort.
cast	—	ta cast off: to take off. cassen awa: lost (generally at sea). ta cast oot: quarrel. ta cast up: to taunt by raking up the past.
coarn	—	small quantity.
collie	—	primitive open lamp.

come	—	ta come at: 1) to come to oneself; 2) to touch.
		ta come aboot: to pacify.
cöts	—	ankles.
dadderi	—	drudgery.
dayset	—	evening.
denkies	—	hollows.
döless	—	indolent.
draa	—	ta draa on: to pull on.
		ta draa up: to approach (of time).
eence a errand	—	for that purpose.
eenoo	—	now.
ere da streen	—	night before last.
faa	—	ta faa afore: to occur to.
		faan apon: tainted (of food).
		ta faa awa: 1) to die down; 2) to fall asleep.
fairlies	—	wonders.
fastin hert	—	an empty stomach.
fell	—	to stun.
filska	—	state of levity.
flittin sten	—	stone used for knocking in stake of animals' tethers.
for aa dat	—	nevertheless.
fram	—	far off: generally to seaward.
furt	—	outside the house.
gaa-burst	—	to become breathless.
gaff	—	a loud laugh.
gansey	—	jersey.
geng	—	gien at: persisted.
		gien in: shrunk.
		göd afore da hill: went down the hill.
		göd apo da wind: went against the wind.
graavet	—	scarf.
gulsa	—	jaundice.
gurblottit	—	badly washed.
guit	—	entry of a door.
gyo	—	a creek with steep sides.

haaf	—	the open sea.
habbleshue	—	confusion.
hadd	—	ta hadd at: to keep at.
		ta hadd in: to keep in.
		ta hadd up: remain fair (of weather).
hain	—	to economise.
hantel	—	a sufficient quantity.
hatter	—	affliction.
heftin	—	putting the iron on a spade-handle.
helli	—	week-end.
heogue	—	the twisted straw from which a kishie is made.
heru	—	form of 'here'.
hochbend	—	to compress the tendon of an animal's hind-leg so as to restrict movement.
hooro	—	commotion.
hömin	—	twilight.
hunsin	—	searching.
inbiggit	—	morose and uncommunicative.
kishie	—	straw basket for carrying on back.
kirk-mark	—	hare-lip.
lang an da lent	—	eventually.
lay	—	ta lay aff: to talk volubly.
		ta lay at: 1) to work energetically; 2) to fall heavily (of rain).
		ta lay in bruck: to destroy.
		lay it athin dee!: eat it up quickly!
		ta lay oot for: to defame.
		laid up: incapacitated.
		ta lay dee mind til: to apply the mind to.
		lay fae dee!: jump into action.
		ta lay up: to begin a piece of knitting.
		ta lay tö: to close.
		ta lay on: to fall heavily (of snow).
lear	—	learning.
licht	—	ta licht in wi: to come across.
		ta licht til: to beset.
lift	—	the heavens.

liftin	—	in liftin: a state of weakness in cattle, through which, being unable to stand, they are supported in a sling suspended from roof.
linn	—	to rest.
lipperin	—	brimful.
lowse	—	ta lowse apon: to attack.
		lowse fae dee!: jump into action.
		ta lowse up: to unloose.
		ta lowse wi rain: to begin to rain heavily.
maachtless	—	powerless.
mak	—	made aff: completed.
		makkin apon: knitting.
		makkin apo da baa: about to break over sunken rock.
meed	—	a landmark for ascertaining position at sea.
mid-room	—	the middle compartment of a boat, especially the sixern.
mirakilled/ misackered	—	badly injured.
mirrlin	—	vibrating.
misfare	—	to come to grief.
mooth-liftin	—	morsel.
mutshkin	—	a 5 gill measure.
near-begyaan	—	miserly.
noo an sae	—	of an indifferent quality or state.
on-kerry	—	carry-on.
oomik	—	a very small quantity.
oorik	—	nonsense.
peerie	—	small.
pellit	—	ragged.
pör-aamous	—	frail.
prettikin	—	prank.
purlin	—	poking.
pyaa	—	sign of life.

raeffled	—	tangled.
redd	—	ta redd oot kin: to trace lineage.
		ta redd up: to tidy.
reestit	—	salted and dried (of mutton).
rekks	—	to reach.
rive	—	to tear.
röd	—	rambling talk.
rukkli	—	rough.

set	—	ta set on: 1) to add to flock (of animals); 2) to try hard.
		set him at: relaxed himself.
		set dee up: enhance your position.
		ta set up: 1) to develop (of a shower); 2) to incite; 3) to begin (of noise).
		ta set ower: to ferry across.
setnin	—	a lamb retained in flock for breeding purposes.
shaer	—	to reap.
shappin-can	—	a quart container.
sheek for showe	—	sitting close together in earnest conversation.
sholmit	—	having a white face (sheep).
singaets	—	movement from left to right.
sit	—	ta sit oot: to outstay.
		sit up atil him!: may the Devil take him!
skerry	—	a rock in the sea.
skrime	—	detect by peering.
skroo	—	corn-stack.
smoar	—	to smother.
smoot	—	steal away.
snappered	—	stumbled.
snuids	—	parts of fishing line.
staand	—	staandin aff: rebounding.
		staands afore me: remains a vivid memory.
		staandin on: blowing directly on (of wind).
steid	—	foundation.

stick	—	ta stick da boat at: to beach the boat temporarily.
still an on	—	nevertheless.
stime	—	canna see a stime: cannot see at all.
stunk	—	to pant.
sweerta	—	laziness.
taek	—	to thatch.
taing	—	small peninsula.
tak	—	taen aff: taken aback.
		taen aboot: secured.
		taen him up wrang: misunderstood.
		taen til: notorious.
		tak at: go ahead.
		tak on: suffer the consequence.
		took on: lamented.
		never took me on: paid no attention.
		ta tak in: to shorten.
		took for: headed for.
		took up in: increased (of wind).
		took up: looked after.
		took weel wi: were friendly with.
		took til his een: began to cry.
teddisome	—	tedious.
tear	—	ta tear at: to work hard.
		He'll tear him up a time: The weather will improve.
tirded	—	unloosed.
tirn	—	angry.
transe	—	passage in a house.
trang	—	busy.
trow-pit	—	zeal in working.
twart-baak	—	cross-baulk in roof.
ubdee	—	out.
undömious	—	tremendous.
up a dee cuddie	—	on your high horse.
up da latest	—	in the long run.
uploppm	—	excitable in a boisterous manner.
up-tak	—	to make contact with.

veev	—	vivid.
Voar	—	Spring.
vyndless	—	clumsy.
waa-geng	—	smell.
wan-paece	—	strife.
wanrestit	—	bereft of sleep.
watter-traa	—	heartburn.
whaanious	—	huge.
whaarsaymeko	—	1) as much as to say; 2) pretence.
white	—	cease from action.
widdergaets	—	against the sun.
wint	—	accustomed.
willisome	—	difficult to follow (of a route).
wirk	—	wroucht on: carried on.
		wroucht oot: cultivated.
yackels	—	back teeth.
yalk	—	yelp.

44

APPENDIX

SOME OBSERVATIONS ON THE SPELLING OF THE SHETLAND DIALECT

A glance at the examples in this book from printed sources will suffice to show just how inconsistent the spelling of our dialect is. With no established convention for guidance, dialect writers have endeavoured to represent their own local pronunciations as faithfully as possible, thus providing interesting material for the compilers of a dialect atlas, but making the task of the reader more difficult. Indeed, we ourselves, in the absence of a standard spelling, have contributed to this multiplicity of spelling variants.

Spelling is at best a compromise, an endeavour amid the shifting sands of pronunciation to establish a fairly stable symbol for the word. The task of communicating the word from writer to reader is the all-important one in literature, and it is through the written form, the spelt word, that the first, vital contact is made. It is obvious that ease of communication depends on the ease with which the reader can identify the written form, and this in turn will depend on familiarity with the spelling convention used. When there is no established convention, reading becomes more laborious.

If it is agreed that the writer has an obligation to the reader to make communication as free as possible from superficial barriers, then the present state of private enterprise in spelling must place itself under some restraint. The following suggestions are not intended as the rigid rules perhaps implied by the previous statement, but as suggestions leading towards a greater, if not complete, uniformity. Consistency is not necessarily a virtue; but without it spelling becomes an end in itself rather than a means to the real end which is communication.

If the written dialect is to be easily read, then: —

1) An attempt should be made to base its spelling on the convention most familiar to the reader, which for most Shetlanders would be the English. An English word with a local pronunciation only slightly different need not vary from the normal English spelling. The reader will immediately identify it, and knowing that he is reading dialect will apply his own local pronunciation. It should be unnecessary, for example, to change "calm" into *kaam* or *kaum*; "fixed" into *fikst*; or "come" into *kumm*.

2) Outlandish forms, used perhaps in a misdirected zeal to emphasise the non-English character of the dialect, should be avoided as far as possible. In this respect the habit of doubling certain letters to emphasise the heavy

consonantal quality of the dialect, as in *winnd, kann, bakk,* seems unnecessary.

3) Use of the apostrophe to indicate a letter or letters omitted, should be reduced to a minimum, and confined mainly to indicate where a letter has been omitted from the normal SHETLAND usage — not the English. After all it is the Shetland speech which is being used. The present participle in Shetland ends in -in, which makes the final apostrophe in words such as *gyaan', rinnin', buksin',* rather pointless. The Shetland conjunction being *an,* not *and,* should make it unnecessary to write *an'.*

When, however, the written form is a contraction of a Shetland word or words, the apostrophe is necessary, e.g., *A'm, gie'r, du's, whaar's.*

The following are suggestions applying to sounds which lead to the greatest spelling variants:

ö — crö, döless, spör, tölly, kröl.

> *ö* is preferred to *ü,* as, etymologically speaking, the sound represented is a modified o-sound. Thus English "poor", "good", "swore", became *pör, göd, swör.*

k — not to replace *c* in words with English cognates, nor to be used with *s* for *xt.* Thus *mixter* is to be preferred to *mikster.*

y — rather than *j* when following initial consonant — as *byok, gyaan, hyook, nyoag.*

T. A. R.
J. J. G.

46